Aulona Goxhaj Scanzello

Monstra në shpirtin tim

Poezi

USA, 2024

Redaktorë:

Federik Jorgaqi

Majlinda Plepi

Kopertina e librit e krijuar nga:

Aulona Goxhaj Scanzello

Fotografi:

Volkan Olmez

Olga Thelavart

Ivana Cajina

Unsplash

Ia dedikoj këtë libër familjes sime që më mbështet gjithmonë. Motrës sime që më dha idenë, vëllait tim që bëri botimin e vëllimit të parë një realitet, mamit tim që është adhuruesja më e madhe e këtyre poezive, edhe ëngjellit tim, babit.

Ju dua shumë të gjithëve!

Monstrat ne shpirtin tim

Sy monstrash më vështrojnë në sy
E dhëmbët gjigandë më kafshojnë
Unë prapë e shoh monstrën në sy,
Sado thellë dhëmbët mështojnë.

Sy monstrash më vështrojnë në sy
E aviten fshehtas nën retinën e zezë
Rrëshkasin ngadalë nën të mitë sy,
E unë marr frymë dhe vetëm pres.

Sy monstrash më vështrojnë ne sy,
E unë ndjej putra që thellë më çajnë,
Më rrjedhin lotë nga të mitë sy,
Kërkojnë shpirtin të ma përlajnë.

Sy monstrash më vështrojnë në sy,
E monstrat rënkojnë, befas këlthasin,
Rrëzëllin një e qeshur në të mitë sy,
Në shpirtin tim, monstrat humbasin.

Bota ime

Në dhomat e braktisura të shpritit tim
ku zhveshur nga bota unë eci lakuriq
ku arratisur unë endem në errësirë
mëngjesi edhe nata të dy janë të nxirë.

E unë eci, e eci pafund
ai është bosh, si hon i thellë
me korridore të shkurtër katrorë
ku unë zvarritem me ëndrra në dorë.

Dhe bota hesht së marri frymë
gjithçka ndalon kur shpirtin hap.
Është kaq qetësi e thellë, e gjallë.
Bota ime mbyllur në një çelës të rrallë.

01.02.2001

Prej kohësh

Prej kohësh kam harruar vetveten
S'e di kur,
në cilën ditë a në cilat fjalë.
S'e di ku,
në cilin mur a në cilin lot,
vetëm se e kam harruar
e s'e gjej dot.

Prej kohësh kam harruar…
S'e di çfarë,
ç'ngjyrë a forma kishte.
S'e di si,
ku u ula, a ku u përplasa
vetëm se kam humbur diçka
po s'mbaj mend ku e rrasa.

Prej kohësh kam…
s'e di kur,
për ç'arsye, me ç'llogjikë
s'e di ku,
në ç'pikë shiu a rreze drite,
vetëm se kam gërrmuar e groposur diku
një relike.

Prej kohësh
s'e di çfarë
kuptim a vlerë vërtet në ka.
S'e di si,
pse kërkoj e endem rrugës së gjatë
vetëm se kraharorin e kam të zbrazët,
të ftohtë, të thatë.

Prej…
s'e di sa,
ditët shrkijnë në kufijtë
e njëra-tjetrës.
S'e di për sa kohë
rreshtat t'i rrëmosh
e ata të të kthehen përsëri
pashmangshmërisht bosh!

10.11.2004

Zbrazëti

Dhoma natën është e zbrazët,
veç me librat nëpër rafte.
Muret bosh pa korniza
heshtur mbartin të rimtat çaste.

Nata hidhet sipër e zezë
dhe merr tutje gjithçka
disa i shndërron në yje
disa në përralla të gjata.

Pllakat në dyshemenë e ftohtë
përgjumen në vetmi
qilimi është arratisur
"rrugë qumështi" është bërë ai.

Tej në galatikë, nata
të ka marrë edhe ty.
Unë mbeta dhomë e zbrazët
me kolonat e brinjëve aty.

Në agim qielli shkrihet
edhe qan me mijëra yje
dhoma ime do rimbushet
do rrezëllijë si argjend prej tyre.

Hëna si shami e grisur
afrohet dritareve plotë lot.
Thellë në dhimbje arratisur
lotët e mi s'do t'i fshijë dot.

24.07.1999

Errësirës

Humbas në terrin e natës,
në brigjet e pashkelura të vetmisë
në qetësinë e përhumbur të shpritit,
në misterin e paanë të pafundësisë.

Mbyll sytë, qerpikët si qivur
burgosin gjithçka nën shikimin tim.
Njerëzit që më tepër i desha,
kujtimet që më zgjojnë trishtim.

Sonte mund të them ç'të dua.
Errësira në honin e saj do t'i mbysë.
Mendimet, fjalët, ëndrrat
dhe jetën që dosido do ta ngrys.

Në errësirë mund të përplasesh kudo,
dhe në pengesa që s'egzistojnë,
rëndësi ka vetëm "drita",
që dhe në terr unë di ta kërkoj!

Kujtim i shkuar

Nga koha e shkuar
ka mbetur veç një brengë.
Një letër e shkruar,
një fjalë e ngelur peng.

Një kujtim i ngrohtë
një përqafim i fshehtë,
një shprehje e ftohtë,
një puthje e lehtë.

Nga koha e shkuar
ke ngelur vetëm ti.
Krejt i larguar
i zbehtë në vetmi.

Një dhimbje e ngrysur
një lot, një trishtim.
Një qeshje e lumtur,
një ëndërr e shpirtit tim.

Nga koha e shkuar
s'ka mbetur më asgjë
veç një kujtim i shkuar
ku ti veç brenga lë.

13.12.1999

Dehje

Ditët trokasin tek unë ngadalë
e unë s'e ndiej tek largohen.
Veç kur shoh rrudhat palë
edhe vitet që mërgohen.

Do të thërras ty një natë,
një natë të qetë si kjo.
Kur do dua të të kem pranë,
e ti të mos më thuash jo.

Do t'i fsheh rrudhat me pudër
edhe flokët me paruke,
ty do të duket e gjitha një lodër,
se fsheh trishtimin me truke.

Unë do të qesh, e fshehurazi do qaj
do marr shishen e do pi.
E do të jetë hera e parë pastaj
që ti do dehesh e unë do të rri.

Ditët do të trokasin tek unë ende,
unë do ta ndiej si largohen.
Rrudhat do t'i gjej në inde,
dhe me vdekjen do mërgohem.

Ti do të rrish mënjanë
me shishen do mësohesh
do marrësh paruket pranë
e me pudër do mbulohesh.

08.08.1999

Një dorë zgjatet mes turmës

Unë ecja rrugëve të zhurmshme me njerëz.
Vështroja horizontet plot ngjyra të ndezur,
e ndiqja aromat dehëse të erës
e gëlltisja unë yjet kur isha e etur.

Një dorë mes turmës u zgjat drejt meje
më rrëmbeu me vrrull në një tjetër botë.
E unë u struka aty pas një reje,
buzëqeshjet u shkrinë dhimbshëm në lotë.

Tani eci rrugëve të zbrazëta pa jetë
e kërkoj përtej horizonteve gri
për dritën e shpirtit që m'gëlltitën retë
e botën që kisha dhe e shkatërrove ti.

Në kërkim të një stine

Neonet e ndezur të rrugëve
përtypin yjet nëpër natë.
Mbi të bardhën shtroje të tyre
unë ecja rrugës së gjatë.

Dikur kisha frikë nga errësira
dhe heshtja më bëhej kumbim.
Tani jo, mbase se vetmia
e ka ngrënë krejt shpirtin tim.

E vë re se gjithçka është kalbur
gjatë ditëve të ftohta të dimrit.
Pranverën edhe unë e kam pritur
të vinte me lulet e prillit.

Qënkan tharë gjithë sythet naivë
që shpërthyhen para kohe freskinë.
Dimri hap një të tmerrshme gojë
e bukurinë delikate të tyre e ngrin.

Neonet e ndezur të rrugëve
përtypin yje me dhëmbë
edhe unë ashtu si ju,
kërkoj pranverën që s'di ku e kam lënë!

Dedikimi

Do të dedikoja ty gjithçka,
ditën e sotme
dhe çastet që jetoj.
Do të dedikoja ty gjithçka,
shpresat e mia,
pa dhimbjen që mërgoi.
Do të dedikoja ty gjithçka,
jetën… dhe vdekjen time.
Do të dedikoja ty gjithçka,
por ti s'je këtu të lexosh
të miat mendime.

1.10.99

Të kam

Të kam pritur…
Të kam harruar.
Të kam ndjekur,
të jam afruar.
Të kam urryer,
të kam adhuruar.
Të kam thirrur
të kam larguar.
Të jam përshtatur.
Të kam ndryshuar.
Të kam treguar,
të kam gënjyer.
Të kam shtyrë
të kam mbërthyer.
Të kam përqafuar
të kam goditur.
Të kam ledhatuar,
të kam bërtitur.
Të kam gjetur
të kam braktisur.
Të kam e s'të kam.
Të kam dashuruar,
por s'ke për të më besuar!

Vetmia

Ndihem kaq vetëm.
Mos më pyet përse.
Gjithë njerëzit në thelb
janë vetmi më vete.

Më kërcasin eshtrat,
më ndryshket çdo brinjë.
Vetmia në trup
është një tumor malinj.

E di

Edhe pse e di,
që s'të kam pasur kurrë.
Edhe pse e di
se kurrë nuk do të kem.
Edhe pse e di
që dhe tani s'të kam,
e di se po të humbas
për gjithë të kaluarat,
të tashmet dhe të ardhmet
e jetës sime bashkë.

31.08.1999

Koha

Vrazhdë koha ikën
e merr botën në krahë
ecën zbathur rrugëve,
si endacak që shtëpi nuk ka.

Koha, zonjë që s'di të qajë.
Djall që s'di të ketë mëshirë.
Vorbull e murrme stuhi.
Grifshë që botën përpin!

Koha na braktisi diku.
Në një shkrep të thatë ngjyrë gri.
Grifshë që nuk harron kurrë
t'i hajë kokën të lindurit njeri!

7.2.99

Breg i vetmuar

Përplasem në terr
në bregun e shkretë.
Ngatërrohem me rërën,
me dallgët me retë.

Papritur u ndjeva vetëm.
Yjet ndrijnë larg
të gjithë aty mbetën
me këtë vjeshtë në prag.

Guackat tejposhtë
seç ngjallin trishtim.
Deti duket krejt bosh
dhe pse treti çdo kujtim.

Ca hapa janë zbehur tej
dhe unë s'e di nga vijnë.
Ato vazhdojnë përtej
unë s'e di ku mbërrijnë.

E unë ndihem vetëm
mes kaq shumë vetmirash
dallgët seç u tretën
në hije mugëtirash.

Unë vetëm u ndjeva,
më mungoi dielli.
Dhe papritur qava,
ishte vetëm qielli.

Sikur të binte shi
do të ishte më mirë.
S'do më mungoje ti
e s'do rendja në errësirë.

S'do përplasesha në breg
s'do ngatërrohesha me të detit sy.
Me dallgët, me retë,
e padashur me ty!

08.08.1999

Ti nuk do të dëgjosh (1)

Doja të të tregoja unë ty
me pak fjalë e në pak orë
sesi të shije me të mitë sy
e botën time të kishe në dorë.

Të tregoja ç'gjuhë flisnin pemët
ç'pëshpërisnin retë tek dritarja ime.
Sesi zgjateshin në përqafime degët
si gjethet në parvaz krijonin qilime.

Se ç'më thoshte shiu i vjeshtës
kur trokiste tek xhami: "Dritaren ma hap!"
edhe sesi vetë muret heshtës
tregojnë ngjarje kur me duar i kap.

Të të ulja diku e të të flisja
për ndjenja që ti as nuk i njeh
për hënën që ndriste teksa të prisja
për yjet që vdisnin me çdo fjalë që the.

Doja të të tregoja unë për ëndrrat
që ti i shndërrove në lot e në dhimbje
e për dy a tri nga andrrat
që i qepa sipër zemrës sime.

Doja të të thoja unë me pak fjalë
të ktheja lotët në shkronja që ti t'i lexosh
e dhimbja prej meje së fundi të dalë
por ti shikon tutje, nuk do të dëgjosh.

07.07.2003

Gonxhja e bardhë

Zot sa do doja të isha petale
petale e bardhë e gonxhes përbri
Të merrja frymë zhytur në ujë
të vishja robdisham trëndafili.
Të ndjeja puthjen e një njeriu
përkëdheljen e dy gishtërinjve
Të endesha në jetën e një të riu
si pjestar sekret i përqafimeve.
Të mbetesha strukur mes librave
si altar i vjetër i një kujtimi
që flet nga thellësia e kohërave
për dashurinë s'egziston harrimi.

07.05.2000

Mungesa

Më mungojnë ditët që ikën,
Më mungojnë ëndrrat e netëve,
Më mungojnë çastet që pritëm
Më mungojnë shirat e reve,
Më mungojnë dëshirat e realizuara.
Më mungojnë shëtitjet pasditeve
Më mungojnë gjethet e rrëzuara,
Më mungojnë bisedat e mikeve.
Më mungojnë rrugët me njerëz,
Më mungojnë mëngjeset me shi,
Më mungojnë shumë të gjitha,
sepse sot më mungon ti!

18.11.1999

Destinacioni enigmë

Intrigat që thur jeta,
i shoh si të shkruara në xham.
Të ngrira, të rreshkura,
si një gjethe e tharë.

Shiu ka luajtur mbi to
e ka lëne ca vazhda varg
Kurse dielli fanatik
me rreze mbi to ka qarë.

Unë bëj sikur s'shoh,
sikur nuk di të lexoj.
E megjithëse jetën e njoh,
nuk dua s'mund ta pranoj!

E marr xhamin në duar,
shkronjat i shoh me ironi,
E përplas me forcë përtokë,
destinacioni ynë enigmë.

28.11.1999

Ikja jote

Qyteti për çudi sot m'u duk i zbrazët.
Gjithçka ti e kishe marrë me vete,
zhurmat, njërëzit, pemët, gjethet…
e me to çdo gjithçka gjete.
Dhe tek unë i more të gjitha,
gjumin, ëndrrat, çdo gëzim…
Lojrërat, kohën, zemrën…
dhe më le veç përmallim.

05.10.1999

Nën degët e shelgut

Në ditët me shi
ne qëndronim pranë
dhe koteshim nën zhurmën
e shiut mbi xham.
Luanim me pellgjet
si liqene artificialë
e strukeshim te dy
si zogj trumcakë.
Qeshnim në stolat
nën degët e shelgut
jeta e ëmbël siç është në rini.
Në vitet e kaltra të pafajsisë
kur asgjë s'kish rëndësi
përtej "unë" dhe "ti."

09.13.2024

Muzgu i fundit

Mbyll sytë e lodhur, buzët e mpira
e mendimet për ty dua t'i largoj.
Mbrëmjen e ngrohtë që atë ditë ra
dua ta hedh tutje që ty të mos kujtoj.

Të harrosh një ditë s'është e vështirë
nga kalendari veç një numër fshin…
Të harrosh një stinë qenka një torturë
sikur të fshish nga qielli gjithë yjësinë.

Një ditë do të mbyll sytë e ty do të lë jashtë.
Dhe buzët do t'i mbyll pas fjalëve që të thashë
Një ditë dhe mendimet për ty do t'i harroj
Një muzg një ditë do bjerë e ty do të largoj!

14.11.2000

Shpirtra pa strukturë

Besoni ëndrrat, gënjeshtrat
iluzionet e çdo fé.
E shndërroni veten në traktat,
zemrën në strukturë amorfe!

Bëni kompromise me djallin
se kërkoni parajsën në tokë,
krejt të lodhur fërkoni ballin
se të ndershmin s'e bëni dot!

Shkelni me këmbë shpirtin fisnik
pa i kushtuar aspak rëndësi,
e kur të vijë dita që të mos jetë më,
idhull për ju do të bëhet ai.

Nuk ju vë faj aspak
përsipër nuk ju hedh dhé
pushtet hyjnor ka pak mbi
zemrën tuaj strukturë-amorfe!

15.12.1999

Heshtje

Nata sot është e heshtur
S'ka yje as planete
me të cilat të bisedoj.
Ka vetëm njerëz
kurthe, mashtrime
që lëndojnë, shkatërrojnë…
S'e duroj dot këtë natë!
Të heshtur s'e duroj dot
se kështu njerëzit e gjorë
dëgjohen më fortë!
Mos hesht sonte ti natë!
Se njerëzit s'dinë të flasin.
Veç të torturojnë gjatë,
të lëndojnë, pastaj të vrasin…

10.12.1999

Det thesaresh

Mëngjesi
i kaltër,
ish hedhur mbi det.
Dielli,
i artë,
sytë lante i qetë.
Dallgët
shkumëzuese,
rrokulliseshin mbi rërë.
Guackat,
shumëngjyrëshe,
motiv lulesh ishin bërë!
Deti,
i thellë,
thesaret kishte nxjerrë.
Rëra,
e butë,
gjithë rubinët i merr.
Unë,
e trishtuar,
bregut shëtisja.
Thesari
më i shtrenjtë,
kish humbur…
…e prisja!

17.11.1999

Ëndrra

Dielli ka skuqur sytë
këtë pasdite,
shtriqet i gjerë
në këtë mbyllje dite.
Në qiellin e purpurt
plotë shkëndija
do shtriqen si diell
edhe ëndrrat e mia.
Kur nata të bjerë
si gjithmonë edhe sot,
yjet do të jenë ëndrra
që diell s'u bënë dot.

19.10.1999

Udhë hajdute

Shpirti i njeriut
një pellg që përmbyt.
Një lumë i dalë
nga brigjet e tij,
që mërgon çdo vit
për t'u derdhur
në detin e gabuar
një ditë.

Do të lërë udhës
guacka plot perla!
Do të lërë udhës
yje-shkëndijë!
Do të lërë udhës
plot diamante të tjera
do të lerë në të thatë
dhe ëndrrat e tij!

30.09.1999

Nënshtrim

Ne u reflektuam në jetë
thjesht si një mirazh.
Pasqyruam tek vetja çdo gjë
por asgjë s'lamë pas.

E ç'vleu që u nënshtruam
si ca vartës të bindur.
Ndaj çdo padroni mizor
si skllevër të lindur.

Unë vetë u nënshtrova
iu përula misterit,
frikës, pasionit
dhe padashur ferrit.

Ishte tepër vonë
për të ngritur krye
për të jetuar jetën
ne iu falëm atyre!

20.08.1999

Do jetoj

Luhatem si erë
mes shpirtrash të krisur.
Humbas mes gjethesh
nga koha braktisur.
E trungjet e thara
të pemëve me gungë,
më zhysin në pyllin
e errët pa fund!
Unë do zvarritem
do zhgrryhem në baltë
do plandosem përdhe
e do ngrihem prapë lart.
Do ha pluhur e dhé
e pellgje do pi
po askush s'do më ndaloj
të jetoj këtë rini.

Gri

Më pëlqejnë trotuaret
e zbrazur,
pa pluhur,
të lagur.

Pemët e heshtura,
nën shi,
të blerta,
me trung të zi!

Rruga e qytetit,
pa zhurmë,
e qullur,
e murrme!

Nata e brishtë,
e mekur,
e harruar,
në qytetin e fjetur!

Më pëlqen gjithçka
e natyrës,
pa ankthe,
pa njerëz…

10.12.1999

Brenga të heshtura

Egzistojnë netë të heshtura
dhe në shpirtin tim.
Mbrëmje memece
zhytur në trishtim.
Netë pa gjumë, pa ëndrra,
netë pa qetësi,
ku shpirti bëhet pré
e një gracke ankthi.
E pushtueshme rri qetësia
yjet të shtangur në qiell
si në shpirt vetmia.
Egzistojnë netë të heshtura,
netë boshe si sot,
por kanë dhimbje, brenga
që s'i harron dot!

24.11.1999

Në djall

Në djall të vejë bota,
njerzit të venë në djall!
Më mundojnë mendime të kota
e askush s'thotë "më fal"!

Në djall të vejë bota,
e unë bashkë me të.
Kurrë falje s'kërkova
e faji kurrëkund më lë.

Në djallë të vejë bota
në ka bota djall
dhe njerzit në ferr
në ka ferri mall!

Në djall të vejë bota
edhe unë bashkë me të
me mendimet e kota
që pa ëndrra më lënë.

02.12.1999

Kontrast i hidhur

Natën vonë, unë dal në dritare
Ja hoteli me tre yje,
më qëndron afër, afër fare.
Në të djathtë një kishë e vjetër,
pak më tutje një kishë tjetër.
Në të majtë, një minimarket
me manekina e banket.
Në mes tyre rruga e qetë,
krejt e zhveshur,
pa gjethe, pa fletë.
Pastruset kanë marr pas
gjurmët e fundit të ditës
E rruga fle nën ankthin pritës.
E aty në cep, në cep fare
rri ngurtësuar një tabelë
plot shënime për varre.
Kaq letra, njolla, hidhërim…
Një ditë mbi tabelë
do të jetë dhe emri im.
Ngre kokën lart me pikëllim.
Ku ka këtu vend për qiellin tim?
Për yjet e fundit të natës vonë,
për ëndrrat, njeriun që ende jeton?
Hoteli, kisha, minimarketi,
rruga, tabela...
çfarë tjetër mbeti?
Unë, qielli dhe një dritare,
kontrast kaq i hidhur
për një gjashtëmbëdhjetë vjeçare!

Mendimet

Nuk di ku t'i hedh
mendimet këtë natë…
Ngado që të shkoj
tek ato kthehem prapë.

U mundova t'i hidhja
kreshtave si dëborë,
por mendimet shkrinë
si bora në qershor.

Ua vërvita yejeve
yejeve gjithë ndriçim
por ata si meteorë
ranë në shpirtin tim.

I lëshova si gjethe
brigjeve të një lumi
rryma e tijë vrullshme
në detin tim i pruri.

Ua tregova njerëzve
të miat mendime
ata në grusht i mblodhën
e i hodhën pas shpine.

Mendimet këtë natë
askush s'po m'i merr.
Do ta duroj vetë barrën,
derisa shpirtin ta nxjerr.

23.01.2000

Sot bie shi

Sot ka rënë shi
e bota krejt është lagur.
Fillon rrotullohet orbitave
si në shina treni i sorrollatur.

Krejt nudo, rrugëve të universit
bota vrapon pa frikë
dhe mbush galatikat me avull
kam frikë diku do ngeci një ditë.

Ajo rend gjithkund në hapësirë
e ne rendim sipër me të
mbrohemi kot me çadra
po bie një shi që kudo të zë.

24.01.2000

Zogjtë

Zogjtë përplasën flatrat
dhe mërguan larg.
E kapërcyen horizontin
si të ish një prag.
Krahët e tyre vijëzuan meridianë,
drejtimin e një toke të re,
ëndrrën e një njeriu plak
shpresën e një bote me paqe.
Ata puthën yjet me flatra
ëndrrat e një qielli pa re
ata hapën portën e një parajse
ku një ditë do të fluturonim dhe ne!

20.01.2000

Kapitalist

Ne investojmë në jetë
kapitalet më me vlerë
pa e ditur as vetë
çfarë jemi duke blerë!

Harrojmë se në jetë vijmë
thjesht rastësisht,
e ajo është shaka
që s'duhet marr seriozisht.

10.12.1999

Vjen një ditë

Vjen një ditë
kur ëndrrat bëhen pluhur
dhe iluzionet marrin fund,
kur gënjeshtrat që ke besuar,
t'i besosh më nuk mund.

Vjen një ditë
kur thua "Mjaftë!"
edhe brengat i duron,
kur thua "Lamtumirë"
edhe nis edhe harron.

Vjen një ditë
kur më nuk do të jesh
si të tjerët kanë dashur,
e të thuash me plotë zë:
"Ajo ditë sot ka ardhur!"

25.12.1999

Përgjigjja e një shpirti memec

Herën e parë që u përplasa me realitetin
u ngërdhesha në heshtje, pa fjalë
dhe në shpirt ndjeva dhimbje,
një dhimbje të marrë!

Më pas në çdo hap
përplasesha me të njëjtin realitet.
Me një ngërdheshje memece,
me një dhimbje të mprehtë.

Një ditë u pashë me kujdes në pasqyrë
s'ishte vetja, por një tjetër fytyrë.
Një ngërdheshje palë-palë
brenda meje një shpirt i çalë.

Nuk e mallkova realitetin
as forcën që e krijonte atë,
por mallkova veten, shpirtin
që duroi pa nxjerrë zë.

E dëgjoni ulërimën?
Shpirti im po këlthet!
Është një britmë e tmerrshme,
e vetmja që di një shpirt memec!

20.01.2000

Ne rinia

Jetojmë në një kohë mizore
në një jetë monotone pa jetë!
Kur dhe ëndrrat që shpërndan era
njeriu me tanke i vret.
E si një copë hekur i ndryshkur
dalim ne, ari i kulluar.
Ne rinia me shpirt të etur
që i hakrrohemi të shëmtuarës
si qen të tërbuar.

...1997

Ditët

Ditët vjedhacake
rendin në këtë jetë
më marrin sot diçka,
diçka ua jap vetë.

Më vjedhin kujtimet,
njerëzit që kam pranë
pak gjëra janë ato
që unë vetë ua fal.

Ditët vjedhacake
zhvasin pak nga pak
kohë nga jeta ime
e unë zgjohem plakë.

Ditët më kanë lënë
të jem ende gjallë.
mes mallit mes dhimbjes
dhe për sa kohë vallë?!

10.12.1999

Roja i hotelit

Roja i hotelit dhe unë
jemi gati të vetmit
që sorrollatemi në errësirë!
Ai me llullën mes dhëmbëve
dhe unë me librin tim.
Unë e di, është vonë,
besoj e di edhe ai.
Por ai qëndron zgjuar
për detyrë, kurse unë
pse? S'e di!
Përrallat që kam dëgjuar
e brengat, gjumin ma zënë.
Kurse atë xhirot e natës,
kapriçot e të tjerëve,
veç këto pa gjumë e lënë!

20.06.1999

Mos kërkoni

Mos kërkoni dashurinë
tek unë.
Jo tani, jo këto ditë!
Mos kërkoni faljen hyjnore.
Jo sot, jo këtë vit!
Mos kërkoni përkushtim.
Jo në këtë moshë, këtë stinë!
Mos kërkoni asgjë!
Jo në këto plagë,
jo në këtë shpirt!

24.11.1999

Natën vonë

Shpeshherë kam dëshirë
të ngjesh duart në xhepa,
të eci rrugëve natën vonë,
në kokë hëna si kapele
të harroj se jam vajzë,
mentalitetin që më rrethon.

Të fus në xhepa yjet si gur zalli
dhe si llastiqe pemën e parë që takoj
Të thyej xhamat dritareve
me dritën e tyre verbuese
e me këpucë në duar
shpirt rebeli,
pa zhurëm,
të kthehem në shtëpi,
natën
vonë.

12.06.1999

Mëkatarë

Kemi lindur mëkatar
dhimbje kemi shkaktuar,
ç'presim vallë për më vonë,
kur fati ynë në fillesë është shkruar!
Emri ynë i parë është dhimbje,
në buzën e nënës, në t'nënës zë
E do na ndjekë nga pas gjithë jetën,
si një mallkim që nuk na lë!
Mëkatar kemi lindur,
ndaj vuajtja s'mund të na lerë,
marrim nëpër këmbë të tjerët
do vdesim mëkatar të tërë.

29.11.1999

Moçal shpirtrash

Lotët më krijuan në shpirt
një moçal, një pellg…
Me pemë të mbytura,
që nxjerrin nga uji degë.
Që ulërijnë deri sa ngjiren,
përpëliten e kërkojnë ndihmë.
Më shurdhojnë, më çmendin
krijojnë xhungël në shpirtin tim.
Nuk e di në do vijë një ditë,
që të thahet moçali im
edhe që unë për një çast
si gjithë njerëzit të jem e lirë.

25.11.1999

Vdekja puth!

Vdekja puth!
Askush s'e beson,
na puth të gjithëve
teksa flemë natën vonë!
Vdekja puth!
Me buzë të ftohtë
me afshe të nxehta.
Tek lind një dhimbje,
tek vdes ndjenja.
Vdekja puth!
Lehtë, pa u ndier.
Jo se s'do të të lëndojë,
por se do të të mashtrojë,
se ty do të lerë.
Vdekja puth!
Pa hezitim.
Me listë të zezë,
gjithë përçmim.
Një ditë dhe ty do të puthë,
me buzët mavi si vejushë!
Heshtur,
pa parë askush.

17.12.1999

Dëshira moshe

Kur isha e vogël
doja të isha yll
shkëndijë magjike
që ditën mbyll.
Kur u rrita ca,
doja të isha dallgë,
të prekja bregun
e të ikja larg.
Kur u rrita edhe ca
doja të isha gur,
që nga njerëzit
të mos ndieja
dhimbje kurrë.
Kur u rrita edhe ca,
kur u rrita vërtet shumë,
pyeta veten:
Përse vallë, asnjëherë
s'desha të isha unë?!

10.12.1999

Vetmi

Trotuaret ishin braktisur atë pasdite
dhe unë nuk e dija përse
ndoshta për shak të shiut që binte
a të shisheve që rrokulliseshin përdhe.

Trotuaret ishin braktisur atë pasdite
nuk gjeja askënd nga miqtë,
nuk të gjeja ty, as veten time
veç ca shishe që rrokulliseshin në errësirë.

Nuk e dija ku kishit shkuar të gjithë
ku kishit shkuar vallë atë natë?
Si t'ju gjeja mes asaj errësire,
veten time si ta gjeja vallë.

Ndoshta ishit futur në një shishe
e rrokulliseshit rëndshëm mbi trotuar.
Unë do t'ju ndiqja, do të thyeja shishen
do t'ju vija të ecnit të gjithëve në radhë!
Bashkë me mua, në të lagurin asfalt.

26.06.1999

Gjurmë

Do doja të lija një shenjë
mbi çarçafët e zhubrosur,
një gjurmë të një ndjenje
me një alfabet të leckosur.

Aty ku ëndrrat e mia,
me agimin dhanë shpirt,
aty ku padashur lija
dhe iluzionet përditë.

Të lija një gjurmë të zbehtë
mbi çarçafët e arnuar.
Një shënim të bruzët:
- Unë kam jetuar!

07.05.2000

Sythe

Dhimbje mizore shkelmojnë brinjët e mia,
e duar pa gjak më fikin dritën e shpirtit
por unë kam bërë premtime që s'mund t'i hajë vetmia
e duhet t'i mbaj para se nata të m'i gëlltitë.

Jam rrëzuar e kam ecur me këmbë e duar
dhe kam parë hënën të thyer përtokë
e qielli, i errët mbi kokë më ka qëndruar
ndërsa unë kam mbjellë lotët në të thatën tokë.

Dielli largohet, zhgrryhet në një shtrat të zi,
mbi botën nata memece stërzgjat putrat
e mua më tremb kjo qetësi e kthyer në shurdhëri,
teksa zbuloj se kanë vdekur të gjitha ëndrrat.

E megjithëse lotët çelin lule të hidhura,
që toka s'i ushqen e dielli nuk i ngroh,
shpresat janë një grusht sythesh të mbira,
që çelin në çdo stinë, do era apo s'do.

Trishtim

Nuk më trishtojnë ditët që ikin,
as qielli që përtyp çdo mëngjes të tjera ngjyra.
as yjet që ndrisnin por papritur u fikën,
as dyert që m'i hapi jeta, por nuk hyra.

S'më trishtojnë buzëqeshjet e humbura
apo kujtimet magjike që vendosa t'i fshija
në një libër të vjetër a shkarravinat në bllok,
që t'a dija ku ishin, kur të doja t'i gjeja.

S'më trishton koha që do kaloj në pendim,
apo se s'do dëgjoj më ato magjepse fjalë.
as sytë e tu që s'vështrojnë më me adhurim,
por bota që më vrave pa më thënë "Më fal!"

Një moment!

Një moment,
kur zërat përqark meje të pushonin,
kur nata të vinte veç për të falur yjet.
Një moment,
kur brengat rrugën për tek shpirti ta harronin.
Një moment,
kur dielli t'i përvëlonte hijet.
Një moment,
kur të mos përtypja më ëndrrat e mia,
kur fjala prej buzëve më të mos dalë.
Një moment,
kur të harroja gjithçka, gjithçka dija,
kur t'ja filloja si të ishte hera e parë.
Një moment,
dy-tre sekonda të mbartinin veç drita.
Një moment,
të thjesht, të pastër, vërtetë të bukur.
Një moment,
e të besosh se kjo botë vërtetë ka
një moment
këtu në shpirt për ta strukur.
Një moment,
sikur të ma vinte veshin kjo botë.
Një moment,
sikur të vendoste të më jepte kjo jetë.
Një moment,
kur të mos ekzistonin dhimbje e lot.
Një moment
sikur të më falte, veç një moment.

Një fjalë

Një fjalë
sa lehtë e thua
sa larg më mban.
Nga buzët e tua
një fjalë ti thua,
veç një fjalë.

Një fjalë stërzgjatet
formon gishtrinjë të çal
e mbërthen nga fyti shpirtin tim.
Është veç një fjalë,
ç'vlerë ka një fjalë?

Si ta dish ti?
Ti shtrembëron buzët, lëviz nofullat
e shikon me sy te ftohtë,
ngadalë lëviz vetullat
por s'thua një fjalë të ngrohtë.

Botën e ngjyrose në gri sot,
unë t'i shoh ata sytë e tu të ftohtë
edhe fuqin që ka veç një fjalë,
s'ta shpjegoj dot.

Lamtumirë e papërfunduar

Portat e harresës nuk u hapën kurrë,
Era nuk i theu kornizat e varura në mur,
ajo m'i risjell rrugës sime ditët e tua.
Unë mbeta skllave e kujtimeve të shkuara,
dhe i mbaj ato si vathë në eshtrat e shpuara.
E jam e gjitha një kështjellë
që fsheh reliket e vjetra të ëndrrave,
brenda mureve me myshqe mbështjellë.

Muzg

U derdh si një shishe bojë
dhe qiellin e bëri gri.
Dhe më pas me pikatore
u hodhën ca pika argjendi.

Mënjanë një pellg rrethor
argjend i gjith' edhe ai.
Më tutje një kurorë
me gjethe të blerta plepi.

U ngrit lart një kornizë,
e drunjtë dhe dosido,
një penel hoqi një vizë
dhe vuri kufij ngado.

Dikur kam parë më pak
me sytë e mi të njomë
e kam kujtuar se korniza,
qe dritarja e vjetër në dhomë.

E perdet lëkunden lehtë në puhi,
hapin e mbyllin të brishta dyer,
të muzgut që varet sot mbi çati
e një zog që do të vijë për ta rrëmbyer.

Thesari mes brinjëve të brishta

Ti merr shpirtin tim në duar,
hedh shikimin në sytë e tij,
edhe pse unë ia mbylla buzët
ti lexove në plagët e tij.

Shpirti im ka hapur krahët
dhe në boshllëk i ka mbylluar sërish
as unë vetë s'ia kuptoj fjalët
që përshpërit në dhimbjen e brishtë.

Është e padrejtë të jemi padron
të një thesari të butë të tillë,
të zbrazim aty dhimbjen që zgjon
çdo tjetër padron me shpirt të lirë.

E fsheh unë mes brinjëve të mia,
e mbuloj me duar, gishtrinjë delikatë
mundohem ta mbroj, sepse e di,
në këtë botë të ftohtë është fillikat.

Dhe ti merr shpirtin tim në duar
e sheh buzët nga i rrjedh gjak
në çdo plasaritje unë kam kërkuar
të isha padron me një thesar më pak!

Çmenduri

Ditët e mia i kaloj rëndomtë
me program të zbatuar strikt.
Çdo ditë në të njëjtën rrjedhë,
pa as më të voglin ndryshim.

Megjithatë, edhe unë dikur
i lejova vetes një çmenduri.
Unë mes ditëve të rëndomta
i lejova vetes një dashuri.

18.11.1999

Boshllëk

Trokas në kraharorin tim të boshatisur
e s'marr asnjë përgjigje nga brenda,
përveç ekos së një frymëmarrje të ndryshkur,
që përplaset në brinjët e shtrembëra.

Një zgavër bosh e asgjë më shumë,
një kuti e shtypur e asgjë më tepër,
një boshllëk memec e i murrmë,
ku fshihet një kujtim i lodhur, i vjetër.

Qirinjët e ndezur tani humbasin,
veçse digjen konsumohen më kot,
e hije formash në mure rrëshqasin,
i shoqëron të heshtura çdo i imi lot.

Shpirti im vështron gojëhapur,
s'ndihet as frymëmarrja e ndryshkur e tij,
përplas qepallat, por i mban sytë hapur,
pastaj mbledh duart në prehërin e tij.

Letra mbulojnë dyshemenë e ftohtë,
unë i shkel përsipër me zhurmë,
marr frymë thellë e kaloj tutje,
takoj veç boshllëk në cepin e murrmë.

Nostalgji

Neonet janë dehur me dritë këte natë
Këtë natë të heshtur ku gjithçka fle
dhe yjet shtegtojnë të verbër atje lartë
mes galatikave të arta të mbështjellë nga re.

Natë që nota heshtje hedh mbi pentagram
e pemët marrin frymë në të shurdhtën qetësi.
E unë kam dëshirë t'ja nis ku e lamë,
megjithse sonte s'mundem
sepse mungon ti.

Kur s'njihja dashurinë

Unë kurrë s'e kam njohur dashurinë,
s'e dija që të vriste kaq shumë,
s'e dija që të mbyste në mall,
s'e dija që ishte e gjitha torturë.
S'mund ta njihja unë dashurinë
se zemra ime s'foli më parë
tani përmbytem në kujtime e
poezi te thyera mbi lulen e tharë.

Egzistonte dikur, njëherë dashuria

Besoja dikur tek dashuria
dhe bota ishte atëherë kaq e bukur.
Tani s'besoj më tek dashuria,
bota është e hidhur, e qielli i rrudhur.

Besoja dikur tek dashuria,
kërkoja mes shpirtrash të gjeja dy sy,
por tek këmbët e mia ra dashuria,
- e gjeta të vdekur, kokëvarur aty!

Një poezi mbi xhinset ngjyrë blu

Rrotulloj stilolapsin në gishta që dridhen
e ul rrudhat e xhinseve që kam veshur,
e fleta më s'kam ku mendimet të hidhen
rreth meje shuk letrash në zemërim kam mbledhur.

Fjalë të zbehta më shkojnë ndërmend,
i pëshpëris në vetminë e ftohtë të mureve,
e dora papritur fillon, shpejton më rend
e lë shënime mbi zbehtësinë e xhinseve.

Shkrimi im i shtrembër më i shtrembër sot
teksa shpejton mbi sipërfaqen e ashpër.
Fjalët që me zë s'mundem t'i them dot,
sot i formoj aty, me pika loti afër.

Pa ty

Pse janë gjithmonë të ftohta
rrugët pa ty,
dhe qielli i zbrazët
kur ti s'je pranë aty?

Dritat krejt të fikura,
zhurmat që shterojnë
urat e braktisura,
lumenjtë që pushojnë.

Nata që hap krahët
e njërzit që flenë
pastaj janë dhe të marrët
që sytë hapur i lënë.

Gotat krejt me ujë,
trëndafilat kokëvarur aty,
librat që bën bujë,
të pluhurosur janë pa ty.

Më thuaj pse gjithçka
është kështu tani
se është natë ndoshta
apo se s'je ti?

Vrasës

Kush e vret pasionin vallë
e i jep jetës ngjyra gri
Nëse kam unë faj 'më fal',
por ndoshta faj ke dhe ti.

Kush ka faj nga ne të dy?
E ç'rëndësi ka kjo tani,
rrimë të vrenjtur mbi një varr
pasionin ne e kemi vrarë!

Shpirti im një dru i kalbur,
tek shpirti yt drita nuk hyn,
të dy në një varr të kallur
si epitaf pasioni ynë!

23.01.2000

Filadelfia

Në këtë qytet ku nata nuk zbret kurrë
dhe qielli nuk mbart yje,
nuk ndiej vetmi, melankoli…
Gjithçka unë ndiej është dhimbje.
Ky qytet - fole zërash të panjohur,
gurgullim zhurmash endacake,
ku s'ka vetmi, melankoli…
veç arratisje dhe përmallje.

Unë do të vdisja

Unë do të vdisja mbi gjoksin tënd,
duke dëgjuar tingullin e zemrës që rreh
e do të ndieja se jetoja një përjetësi të tërë
në ato pak çaste lumturi - lamtumire.

Unë do të vdisja mbi gjoksin tënd,
ai do të ish për mua arkivol i artë
dhe vdekja do të ishte parajsë e gjerë,
ku do të doja të kisha shkuar më parë.

Unë do të vdisja mbi gjoksin tënd
pa vajtuar gjithë dhimbjen time
do të thaja aty gjithë lotët e mia,
do të zhdukja, harroja gjithë botën masive.

30.09.1999

Që sot

Që sot,
do t'i qëndroj larg "parajsës"
vuajtjes prej iluzioneve të saj.
Që sot
do t'i afrohem "ferrit"
që të mos vuaj, të vërtetës.
Që sot do duroj jetën
të egrin realitet.
Që sot,
do të jem unë djalli
dhe qingji i flijimit ti vetë.
Që sot.

Hakmarrje

Do të kacavirrem
si merimangë gri,
e mugët e rrallë
mbi flokun tënd të zi.
Do të end rrjeta,
kurthe, gracka,
do të marr brenda
si ato fluturat plaka.
Do të helmoj!
Me kthetra do të lidh,
frymën do ta marr
e pastaj do të braktis.

Më prit

Shtrëngatat e jetës
më hedhin përtej
larg nga ti.
Unë do t'i bindem tufanit
e kur do të kthehem,
tani nuk e di.
Nuk e di për sa kohë.
S'e di as ku as si,
por do të kthehem një ditë,
tek ti!
Muajt do të humbasin në numra.
Vitet do të shuhen në kohë.
Ditët do të shkrihen në ditë.
Unë do të të them vetëm kaq:
Më prit!

24.03.2000

Vetmi e vetmuar

Shi, papritur, pa u ndier.
I butë, i lehtë i panjohur…
Shi për të vetmuarin qytet.
Kush ish më i vetmuar,
rrugët, pemët apo ne?
Ndoshta shiu kish plotësuar
vetminë e qielliet me re.
Vetmia ime mbetet vetmi.
Vetmia jote… e kush e di?
Jemi ne të vetmuar
në vetminë e rrugëve, pemëve,
në vetminë e qiellit,
në mungesë të reve.
Jemi ne të vetmuar,
krejt si ky qytet,
sepse jemi dashuruar
dhe dashuria vret.

Intrigë dashurie

U tërhoqa prej forcave

të verbra të natyrës

Dashurisë!

Kopjova refleksin

pa jetë të pasqyrës

Të vetmisë!

T'i fala ëndrrat e mesnatës së verës.

Ty!

Tani do të ishim

intriga braktisëse të jetës

Të dy!

Ti nuk do të dëgjosh (2)

Ti nuk do të dëgjosh
dhe momentet humbasin,
bien përtokë e thyhen.

Ti nuk do të dëgjosh
e një nga një çdo rubin,
në baltën e rrugës zhgrryhet.

Ti nuk do të dëgjosh
edhe dielli rrëzohet
mbyll sytë edhe shkrihet.

Ti nuk do të dëgjosh
edhe deti shkumëzohet
bregu mes dallgëve kridhet.

Ti nuk do të dëgjosh,
shënimet në rërë rizgjohen,
hapat tanë rishfaqen.

Ti nuk do të dëgjosh
e yjet sërish kujtohen
përqafohen e përflaken.

Ti nuk do të dëgjosh
e dielli kafshon dallgët e
shënimet nën hapa i rras.

Ti nuk do të dëgjosh,
unë përtyp e mbys fjalët
dhe më nuk të flas.

16.07.2003

Melankolia

Vështroj derën me një trishtim të vjetër
dhe shikimi im rrëshqet ngadalë,
sikur të jetë duke ndjekur hapa të largët,
por dera s'është hapur, askush s'ka dalë.

Dhe dhoma shuhet, humbet papritur,
tek shpaloset nata me krahë të ftohtë.
Hije formash shfaqen nën një dritë të mekur,
ndërsa shpirti kërkon një krijesë të butë,
një zemër të ngrohtë.

Melankolia e huaj më shtrihet mbi lëkurë
e vështroj derën për sa kohë s'e di
Nostalgjia e brishtë për diçka të bukur
më kujton se prej saj pres dikë të vijë.

Lamtumirë

Kam frikë,
e dorën drejt teje zgjas.
Në errësirë,
mes hijeve të ëndrrave të thërras.
Gishtat,
më prekin dhé, gjethe, humbëtirë
Në boshllëk,
ty s'të gjejnë, as shpirtin tënd të lirë.
Kam frikë,
por më tek ty nuk vij.
Kam ftohtë
por më tek ty s'do vij.
Zgjas dorën,
e mbledh një grusht me gjethe.
Më s'do të thërras
në errësirën e ftohtë të netëve…

Një natë pa gjumë, unë dhe hija jote

Një natë pa gjumë, unë dhe hija jote,
prapë dosido ndihem krejtë vetëm,
si një krijesë e huaj jo prej kësaj bote,
ndërsa yjet nën pështpërimat e mia treten.

Po eci ngadalë e po shkatërroj hapa,
hapat që hodhe kur vije drejt meje.
Po marr frymë thellë, e në intervale të gjata,
po copëtoj kujtimet që ngelën prej teje.

Shkel kujdesshëm mbi dyshemenë e ftohtë,
ja këtu, tamam këtu, ti më the "të dua".
Unë shkarravis hiçin që sundon sot
e fshij me gishtërinj, e gërvish me thua.

Unë ngërdheshem lehtas teksa të kujtoj,
ngre pakëz vetullat edhe mbyll sytë,
gjithçka që ti the s'mundem ta harroj,
dje se më gëzonte, sonte se më mbyt.

Befas pyes veten: Sonte çfarë po bën?
Teksa rrotull vij në këtë dhomë të ftohtë
vij e shkoj e iki, prapë jam në një vend,
çudi sesi as dhimbjen s'e braktis dot sot!

Sytë dhe shpirti

Sytë e mi më dhembin,
shpirti im më vret,
Ndjenjat thellë më presin
më shumë se dhimbja vetë.
Nuk dita kurrë të mbaj
mbi vete brenga e faje,
me lotët që unë qaj
ti sy shpirtin çaje.
Se unë rikthehem aty,
tek të njëjtat gabime,
ju bëj të qani ju sy,
ju pre të dhimbjes sime.
Ndaj më mirë them
të mos kisha shpirt e sy,
në errësirë të endem,
në gërmadhat e thatësisë aty.
Të bie përtokë mbi gurë,
të pres gishtat në xham,
për kockat s'ka asnjë kurë
as lot për duart që u çanë.
Të endem shkretëtirave
derisa të mund,
shpirtin tim prej syve,
unë ta qaj gjëkund.
Të bredh unë hapësirat,
derisa të gjej
një hon ku prej shpirtit,
syrin ta hedh tej.

Nga një ëndërr e thyer

Tik-taku i orës në mur
bie përtokë e zhurmëshëm thyhet.
Dhoma zhvesh petkun e errët
kur ndez dritën, arratisen hijet.

Nga pasqyra më vështrojnë sy të ndrojtur,
përmbi qerpikë ëndrra më zhgrryhet,
më bie padashur nga sytë e lodhur,
bie përtokë, kriset, thyehet…

Duar të përgjumura rrëzojnë disa fleta.
Bie dhe një libër harruar aty hapur,
copëra poezish të shkruara në letra,
dhe një gjethe kafe, gjysëm e kalbur.

Ulem përtokë e i mbledh ngadalë.
Çdo letër të shkruar e gjethe të vdekur
i mbledh në duart e mia palë-palë,
çdo fjalë të shtrembër a fjali të mekur.

Ngrihem e vështroj të miat duar,
e grimca dritash më ngelen në gishta
kush e dinte se nga një letër e shuar
do rigjeja mori ëndrrash të brishta!

24.08.2005

Aulona Goxhaj Scanzello

Krenaria hap sytë

Gërrmoj sytë e përlotur për një buzëqeshje të humbur
Shoh botën, por sytë s'm'i njohin ngjyrat,
në shprit i varrosa unë gjithçka të bukur
tani i shoh veç bardhë e zi fytyrat.

Fytyrat sytë nga unë dinë t'i drejtojnë
e përpalasin qepallat në idiotësi të qullët
më shohin e më flasin, por nuk më kuptojnë
kërkojnë që shpirtin ta bëj memec, të shurdhët.

Ju zgjasni kthetrat e më zini prej fyti.
Unë përpëlitem, ndiej thonjtë tuaj në kockë
Gishtrinjtë s'ju dridhen, teksa i mblidhni,
e gurmazin tim e shtrëngoni fort.

Dhe krenaria e tulatur si një zog i plagosur
hungëron ashpër si një bishë e rrëzuar,
fillon ngre ngadalë gjunjët e ciflosur,
shikon plagët me sy, e i prek me duar.

Rizgjohet krejt papritur një ditë dosido.
I kundërvihet botës edhe pse e brishtë.
Ta përtypë shpirtin, ta lidhë nuk do,
sot ajo tund supet e lufton verbërisht!

25.08.2005

Letër nënës

Hesht vetëm një moment
dëgjo…
Dëgjon?
Bota po rizgjohet, shtërheq krahët
s'ka gjumë.
Hesht vetëm një moment,
shiko…
Shikon?
Dy duar të prekin fytyrën, supet,
Jam unë.
Hesht vetëm një moment
beso…
Beson?
Atëherë e di, asgjë s'është rastësi
Ka zot!
Hesht vetëm një moment
dëgjo…
Dëgjon?
Ditët që i groposa në shpirt më rritën.
Shikon?
Hesht vetëm një moment
Beso…
Besomë!
Gjithë kjo kohë larg teje
më mundon.

Hesht vetëm një moment
ndje…
Më ndien?
Jam aty,
me krahët hapur për ty.
Po vjen?

25.08.2005

Më mungon

Më mungon
e mes dhimbjes mbytem pa ty.
S'më ke munguar kurrë sa sot,
kurrë kaq e zbrazët dhe e huaj kjo botë.

Më mungon
dhe ankthi më gërryen si acid.
Pa ty bota është hon ku bie,
ku rrëzohem dhe s'mund të ngrihem.

Më mungon
e nën gërryerjen ritmike,
pa ty, unë shuhem e mbytem
Të kërkoj e duke të kërkuar, sfilitem.

Më mungon
e frika copa copa më ka zhdukur
unë hap sytë
por jam e humbur.

Shëtitjet në park do t'i dua

Do kthehem edhe herë tjetër
e lodhur nga shëtitja në park,
e mendimet endacake për ty.
E do të kem atë dëshirën e çmendur
të strukem pranë dritares aty.

Do shfletoj librat e vjetër,
do ledhatoj shprehjet me dorë
megjithëse dhe letra është zverdhur
dhe shkrimi yt ka nxjerrë bojë.

Do marr lulet e thara
dhe kujtimet që flenë në to,
Rishtas e gjithë e kaluara
për një çast do reflektohet në to.

Do dua t'i shkul petalet,
të them "më do, s'më do?",
megjithëse pasioni ka vdekur
me vyshkjen që patën ato.

Do kthehem sërish e lodhur,
se këto mendime më lodhin gjithmonë.
Gjersa shëtitjet në park i kam dashur,
dhe pa ty do t'i dua,…besomë

28.10.2000

Gozhdova shpirtin në një letër

Unë skutat shpirtit ia vështrova,
ia studiova ngadalë kaq gjatë,
në tokë i zbraza të gjithë brilantet
derisa shpirti më ngeli i thatë.

I theva portat e çava hijet,
ndërtova harta e rrugën lashë hapur,
u zgjatën ëngjëjt që m'i njohin ëndrrat,
erdhën dhe djajtë me veshë të kalbur.

E derdha shpirtin në një fletë,
këtë shpirt që e rrita me duart e mia,
e kapa për fyti dhe e gozhdova mbi letër,
Masakër a lavdi:
Flatra të reja do lindin, e dija!

Përmbajtja